# Le jardin de Riḍván

## L'histoire du festival de Riḍván pour les enfants

Écrit par Alhan Rahimi

Illustrations par Alina Onipchenko

Droit d'auteur© 2022 Alhan Rahimi
hello@alhanrahimi.com

ISBN: 978-1-990286-09-4 (livre broché)
ISBN: 978-1-990286-10-0 (livre relié)

Écrit par Alhan Rahimi

Illustrations par Alina Onipchenko

Traduit par Elizabeth Ujarak Appadoo

Je remercie Sahar Sabati-Safai et Natascha Pilgrim pour leur aide en français.

Tous droits réservés à l'échelle internationale. Aucune partie de cet ouvrage ne doit être reproduite, distribuée ou diffusée d'une quelconque manière ni sous quelconque forme sans l'autorisation écrite préalable de l'auteure, à l'exception de brèves citations incluses dans des critiques.

La version originale anglaise de ce livre a été approuvée par l'Assemblée spirituelle nationale des bahá'ís du Canada.

ISBN pour la version anglaise /
ISBN of the original English version:
978-1-7770934-1-9 (livre broché / Paperback)
978-1-7770934-7-1 (livre relié / Hardcover)

Aux peuples du monde qui ont vécu la pandémie de 2020 et 2021

Il était une fois un rossignol qui vivait dans un beau jardin rempli d'arbres et de fleurs aux mille couleurs. Il volait d'arbre en arbre et chantait de sa voix mélodieuse…

Je vis dans un jardin
Qui s'appelle Riḍván
J'aimerais que tout le monde
Connaisse sa gloire

Un jour, le rossignol remarqua que quelque chose avait changé. Heureux et fébrile, il s'envola et chanta avec intensité et joie. Ses amis le rejoignirent pour chanter et voler en chœur. Le rossignol avait raison. Un invité spécial venait d'arriver au jardin…

Je vis dans un jardin
Qui s'appelle Riḍván
J'aimerais que tout le monde
Connaisse sa gloire

Cet invité était Bahá'u'lláh. Il était en voyage. Il avait quitté une ville appelée Baghdád et se rendait dans une autre ville lointaine appelée Constantinople. Il avait choisi de s'arrêter dans le jardin de Riḍván, pas loin de Baghdád, pour donner la chance aux gens qui l'aimaient de lui dire au revoir. Il séjourna dans une tente, au jardin, pendant douze jours.

Bahá'u'lláh éprouva une joie immense dans ce jardin. Il marchait entre les fleurs et les arbres pendant que les rossignols chantaient au-dessus de sa tête. Notre rossignol était parmi eux…

Je vis dans un jardin

Qui s'appelle Riḍván

J'aimerais que tout le monde

Connaisse sa gloire

Chaque jour avant le lever du soleil, les jardiniers cueillaient des roses dans les quatre allées du jardin.

Ensuite, ils empilaient toutes les fleurs cueillies dans la tente de Bahá'u'lláh. Au bout d'un moment, la montagne de fleurs était si haute que les amis présents pour prendre le thé matinal ne pouvaient même pas se voir de part et d'autre de cette pile de roses.

Bahá'u'lláh offrait lui-même ces roses à ses amis avant leur départ, pour qu'ils puissent les donner aux autres amis qui n'avaient pas pu lui rendre visite.

Certaines nuits, pendant que ses amis dormaient, Bahá'u'lláh parcourait les allées du jardin. Les rossignols chantaient si fort qu'on avait du mal à entendre la voix de Bahá'u'lláh.

Pendant son séjour au jardin, Bahá'u'lláh annonça aux gens qu'Il était une Manifestation de Dieu. Cela signifiait qu'Il avait un message spécial de Dieu pour le monde.

Le neuvième jour, les membres de la famille de Bahá'u'lláh arrivèrent au jardin de Riḍván. Des tentes furent installées pour eux.

Au douzième jour de son séjour, Bahá'u'lláh et sa famille quittèrent le jardin. Bahá'u'lláh monta à cheval et commença son long voyage.

Notre rossignol était triste comme tout le monde de voir Bahá'u'lláh partir, mais il était aussi heureux que plusieurs personnes aient pu le connaître. Ainsi, notre rossignol continua de chanter...

Je vis dans un jardin

Qui s'appelle Riḍván

Je suis content que tout le monde

Connaisse sa gloire

Ces douze jours sont désormais célébrés par des millions de personnes à travers le monde. On appelle cette période le festival de Riḍván.

## Références:

La révélation de Bahá'u'lláh, volume 1, par Adib Taherzadeh

Livre ruhi no 4

www.ingramcontent.com/pod-product-compliance
Lightning Source LLC
Chambersburg PA
CBHW041404010526
44107CB00015B/1063